Hoffnungsschimmer
auf Hochglanz poliert

Hoffnungsschimmer
auf Hochglanz poliert

Verschenk-Texte von
Kristiane Allert-Wybranietz

Mit Fotografien von
Kristiane Allert-Wybranietz und Volker Wybranietz

WILHELM HEYNE VERLAG
MÜNCHEN

Wir bedanken uns bei Frau Roswitha Lopez Rodas-Utters, Lima/Peru, für die Erlaubnis, in Anlehnung an eines ihrer Gedichte den Titel »Hoffnungsschimmer auf Hochglanz poliert« verwenden zu dürfen.

Copyright © 1997 by Wilhelm Heyne Verlag
GmbH & Co. KG, München
Schutzumschlag und graphische Gestaltung:
Art & Design Norbert Härtl, München
Satz: KortSatz GmbH, München
Druck und Bindung: RMO, München
Printed in Germany

ISBN 3-453-12935-0

Die Mustermacher

zeigen keine
erkennbare Identität;
sie bilden eine Allianz,
stark und mächtig,
vergehen sie sich am Leben.

Meide sie
und hüte dich
vor ihnen –

am meisten vor dem
Mustermacher,
der in dir selbst
wohnt.

Du bist heute 12 Jahre alt,
und alles von »früher«
— aus der Vergangenheit —
erscheint dir vermodert
und wenig aktuell.

Dein Gestern, die letzte Woche,
auch vielleicht das letzte
Vierteljahr
beachtest du.

Ansonsten: alles alte Kamellen,
längst vergangen.

Am meisten interessiert
dich dein nächster Geburtstag!

Und du kannst noch
nicht spüren,
wie sich auch dein Konto
langsam
mit Vergangenheit
füllt.

Ausgerissen

Ohne daß ich es bemerkte,
hat man mir ein Stachelhalsband
umgelegt;
wollte ich mich ausleben,
spürte ich die Stacheln
– angespitzt –
in meinen Gefühlen und Empfindungen
und in
meinem Handlungsspielraum.

Beinahe hätte ich mich erdrosseln
lassen –
die Stacheln schmerzten sehr.

– heute habe ich mir
einen Seitenschneider gekauft.

Heute traf ich die Sehnsucht
und bat sie,
mich nie zu verlassen,
aber zuweilen milder zu sein
als zuvor.

Danach begegnete ich der Hoffnung
und bat sie,
mich nie zu verlassen.
Sie versprach das,
nicht ohne deutlich zu machen,
daß auch ich sie nie
im Stich lassen darf.

Da bogen
– wie konnte es anders sein –
meine Zweifel um die Ecke,
so daß ich ihnen nicht entgehen
konnte und sie
versprachen mir:
wir werden immer miteinander
kämpfen.

Möge der Bessere gewinnen!

Wir hatten lange Tage
voller Sonnenschein.
Dann bezog sich der
Himmel unserer Beziehung,
und wie Gewitterstürme
peitschten unsere
Lügen
durch unsere Seelen.

Jetzt klart alles wieder auf,
und zurück bleibt die
Erkenntnis,
daß es immer
Wolken gab in
unserer Beziehung.

Wir verscheuchten sie
als kleine Wölkchen
ohne Bedeutung
und sind
deshalb nicht unschuldig
am plötzlichen Knall.

Dein Lebens- (oder besser: Überlebens-)Rezept

In Bereichen,
die du meinst,
sicher zu beherrschen,
präsentierst du dich
perfekt.

Doch läßt sich der ganze
Schaum nur kurze Zeit
schlagen,

und schon suchst
du neue Spieglein
an der Wand.

Vermutlich eine Überforderung

Für dich
habe ich Gefühle
der Handelsklasse IA,
hochkarätige Sehnsucht
und Zukunftsillusionen
im Großformat.

Ausgelaugt
und angepaßt bis zur Unkenntlichkeit

Wo es nur
leere Schale
gibt,
findet sich auf Dauer
nur schale Leere.

Wenn Löwenzahn
den Asphalt
bricht,
weiß ich,
daß die Natur
immer die Stärkere
bleiben wird
– und daß es für
sie ein Leichtes ist,
es mit der Spezies Mensch
aufzunehmen.

Harmonie
verkommt
in vielen
Beziehungen
zur Friedefreudeeierkuchen-Farce.

Perspektive

Schau jetzt hin,
oder schau nach vorn.

Das Leben hält
sich nicht bei Gestern auf.

Leben findet heute statt –
und es gibt stets nur
eine Aufführung pro Tag.
Keine Wiederholungen!

Seiltänzer

Du springst zwischen
»könnte«, »müßte«,
»mag sein« hin und her,
hangelst dich
an den temporären
Seilen »zur Zeit nicht« oder »momentan«
entlang
und bleibst bedeckt
im Unkonkreten.

So können wir nicht
miteinander leben,
mein Freund.

Verkehrte Welt
– Liebesgedicht –

Auf der Bühne
unseres Lebens
sind wir beide gezwungen,
ein falsches Spiel
zu spielen.

Die meisten Schauspieler
spielen,
daß sie sich lieben.
Das ist einfach.

Wir spielen,
daß wir uns nicht lieben.
Überwiegend eine schwere Rolle.

Du tust
vieles
nicht aus Überzeugung,
nur aus Schein.
Du bist freundlich – nur aus Schein.
Du bist hilfsbereit – nur aus Schein.
Du bist interessant – nur aus Schein.
Du bist aufgeschlossen – nur aus Schein.

Etc. etc. etc.

Solche Scheinheiligkeiten,
mein Freund,
zahlt man zwar später,
aber immer in großen Scheinen.

»Du fällst durch
jedes Raster«,
sagst du
vorwurfsvoll.

Na und,
wer will schon
in einem Raster
hängenbleiben,
wie Fliegen am Türgitter.

Ich muß hier raus

Wie in einem Karussell,
das mir zu schnell fährt,
wie in einem dichten Urwald,
der mir zu unübersichtlich ist,

so fühle ich mich
in deiner lauten,
sich stets im Kreis
drehenden Konversation.

An gewisse »Berater«

Ihr sagt mir
— im Brustton der
Überzeugung oder
autoritär gebietend,
zuweilen auch
kopfschüttelndvorwurfsvollbesorgt:

Du mußt das grün streichen,
du mußt das gelb streichen,
du mußt rot,
blau,
grau, lila,
etc.

Vielen Dank!

Ein solch einfarben
übertünchtes Leben,
wie ihr es führt,
will ich nicht.

Früher:

Steinern das Gesicht,
starr die Haltung –
wie für die Ewigkeit
gemacht
schienen deine
festgefügten Prinzipien
und Gewohnheiten.

Heute:

Nachdem der Herzinfarkt
dich und damit
den gesamten Koloß
erschütterte,
blieb

die Zukunft:

zunächst nicht klar
erkennbar
in der Wolke aus Staub
und kleinsten Teilchen.

Gebrochener Fels, was nun?

Informationsflut
Angebotsflut
Nachrichtenflut
Reizüberflutung

…

– moderne Sintflut!

Überholte Liebe

Manche »Liebes-Beziehungen«
haben ihr Haltbarkeitsdatum
längst überschritten.

Kein Wunder,
daß so viele Zeitgenossen
sauer geworden sind,
angemodert,
verschimmelt
oder ausgetrocknet
wirken.

Trennung
oder: Da hilft auch der Sozialstaat nicht

Nach all den Jahren
der Nähe,
der Vertrautheit,
der schönen Erlebnisse,
der geteilten Trauer,

nach all dem
und all den Jahren
verhältst du dich nun,
als sei NICHTS gewesen.

Für mich
bist du seither
der Inbegriff
der Armut.

Immer wieder erneut versuchen

Was Liebesgeschichten
betrifft,
landete ich bisher
oft wie der Kaiserpinguin
– nicht nur auf der
Eisscholle,
sondern legte auch wie jener
eine glatte Bauchlandung hin.

Vielleicht gelingt
mir einmal
eine A-Pinguin-Landung!
Auf beiden Füßen!

Dann eben
Eiswürfel
im Herzen
und in der Seele

– Hauptsache cool! (?)

Haus und Garten sind wohlgepflegt,
die Wohnung blitzblank und akkurat dekoriert,
dein Auto scheckheftgepflegt und poliert,
deine Kleidung perfekt dem jeweiligen
Anlaß angepaßt,
deine Papiere und sowieso alles
ist geordnet –

da bist du penibel –
das betonst du immer wieder.

Doch du hast
Spinnweben im Gemüt,
und im Denken
wie im Fühlen
bist du kreidebleich.

Herausforderungen sind keine Feinde

– sei neugierig
und positiv aufgeregt
ob ihrer,
anstatt der
Unsicherheit
und Ungewißheit
wieder einmal
zu gestatten,
dir den Hals
zuzuschnüren.

Rollentausch

Unsicherheiten,
Ängsten und Zweifeln
gefiel die Hauptrolle
in meinem Leben,
die ab sofort
jedoch
ich wieder
übernehme.

Ich scheine mir doch
die bessere Besetzung
zu sein!

Überforderung

Muß ich meine
Kräfte zu
breitflächig
verteilen,
sind
sie stellenweise
zu dünn.

Bruchgefahr!

Immer wieder

Immer wieder
zwischen »nicht mehr«
und
»noch nicht« –

Wann endlich
bin ich stark
genug
für die Gegenwart!?

Schlimme Diagnose
– jedoch mit guten Heilungschancen

Du bist
befallen
von lebenshemmenden
Gedanken,
die wie
hochschädliche Pilze
in deinem Denken,
Fühlen und Handeln
wuchern und wirken.

Alterserscheinungen

»Schwieriges Alter!«,
sagen die Alten über die Jungen.

»Schwieriges Alter!«,
hört man die Jungen
über die Alten urteilen.

»Schwieriges Alter!« –
ein Leben lang,
denn schließlich ist
immer jeder zum
erstenmal so alt,
wie er gerade ist.

Durchhänger

Du suchst einen
Menschen,
den du »haben« kannst,
den du in dein Leben
hängen kannst
wie ein Bild
an eine Zimmerwand.

Tut mir leid,
an diesen Haken
bekommst du mich nicht.

Ich laß mich doch nicht hängen!

Die Mehrzahl
hierzulande
hat Probleme beim Reduzieren:

das Gewicht,
den Alkohol,
die Arbeit,
das Nikotin,
andere Drogen,
die verglotzten Stunden,

doch in einer
Disziplin des Reduzierens
sind sie wahre Meister:

Verminderung der Lebensqualität.

Viele sind beruflich erfolgreich,
gesellschaftlich erfolgreich,
sie sind erfolgreich altersversorgt
und weiterhin: sowieso
auf Erfolgskurs.

Und doch sind sie
Bankrotteure
in Sachen Gefühl.

Eigenverantwortlichkeit

Ich muß mich befreien
von Blockaden im Denken,
Blockaden im Handeln,
Blockaden im Fühlen,

ich muß überholte
und schädliche Muster
im Verhalten und
Reagieren auflösen
und durch neue ersetzen –

denn im wesentlichen
bin ich allein mein
Sklaventreiber!

Schlecht drauf (in Hannover)

Bunte Fahnen
knattern lebenslustig
im Wind –

ich hänge wie
ein nasser Lappen
an der Leine.

(Leine = Fluß in Hannover)

Eine neue Liebe

In meinen Tagebüchern
könnte ich dich lesen lassen,
und du würdest viel
über mich erfahren –

doch was du
über mich suchst,
gibt es nicht:

weder Gebrauchsanleitung
noch Service-Heftchen.

Zeit = Leben

Zeit verschwenden
Zeit verlieren
Zeit verpassen
zeitlos
Zeit totschlagen
Zeit vertrödeln
keine Zeit haben

Zeit = Leben!

Du hast leider aufgegeben

Vom Glanz
alter Tage
zehrend,

siehst du
– geblendet
von der Erinnerung –
dein Heute
nicht
mehr.

Magersucht

Der Mensch
ist,
was er ißt,
so heißt es.

Wenn ich,
manchmal,
nichts essen kann/mag,

habe ich dann
Angst, zu sein?

Für zu viele Zeitgenossen

Wer sich stets
in Theorien aufhält,
gackert immer nur
über ungelegte Eier.

Angst

meine Füße tragen mich,
meine Beine funktionieren,
Hände und Arme ebenso,
die gesamte Körpermotorik
arbeitet einwandfrei

– und doch bin
ich zuweilen
allein durch
mein Denken
komplett gelähmt –

ohne Sinn.

Es gibt immer ein Danach

— und wichtiger als
jede Voraussorge
ist der Glaube
an dich selbst,
der Glaube,
daß du jedes Danach,
in dem du noch vorgesehen bist,
handhaben kannst.

Immer wenn ich besonders laut bin

Von Zeit zu Zeit
spricht meine
Hilflosigkeit
in GROSSBUCHSTABEN.

Vertrauen zu dir

Ich habe mühsam
gelernt,
zu vertrauen,

doch ab und zu
schaffe ich es dennoch,
allerhand Zweifel
aus irgendeiner Gedankenschublade,
dem einen oder anderen Sorgendepot
hervorzukramen

und gebe eine
brillante Kür
an Zweifelseinlagen.

Rückzug auf das Wesentliche

Wir brauchen
– im wahrsten Sinne
des Wortes –
ab und an
BEDENKZEITEN
in unserem Dasein.

Laßt uns die Hoffnung nie begraben

Es gibt Situationen,
da kommt mein Optimismus
— nach außen —
putzmunter
und absolut overdressed
daher.

Bin ich allein,
trage ich
das heulende Elend.

Knapp vorbei ist voll daneben

Wir belasten uns
mit dem,
was war, und denken,
was werden wird.

Über all dem
lassen wir
uns kaum Raum,
die Gegenwart wahrzunehmen

— Das, was ist!

Selbstvertrauen

Gegen meinen Zweifelspöbel
stieg ich in den Ring
und siegte —

fortan reise ich
— was Zweifel betrifft —
mit
leichtem Gepäck.

Uneinsichtig zum Quadrat

Ich versuche,
dem Tod
davonzulaufen,

und fliehe
doch nur
vor dem Leben.

Vorsicht! Unfallgefahr!

Ich habe dich
— weiß nicht wie —
verletzt,
gekränkt,
wütend gemacht,
beleidigt.

— manchmal ist
es spiegelglatt
auf deiner Seele.

Keine Angst vor Gaffern

Du rennst nicht
mit der Horde,
dann mußt du ertragen,
daß diese dich anstarrt.

Das ist nicht gefährlich,
wie es manchmal scheint.
Es ist nur lästig.

Gönn ihnen diese
kleine Sensation
– sie haben sonst fast nichts.

Maßnahme gegen die Tyrannei der Zeitmaße

Ich lasse mich
nicht mehr
durch diesen
Minuten-Tage-Wochen-Jahre-Wolf
drehen –

schließlich steht dem
gegenüber nur ein Leben!

Identitätskrise

Wenn übergroße Ängste
an meinem Bewußtsein hangeln,
muß ich mich
von meiner
Anwesenheit
erst überzeugen.

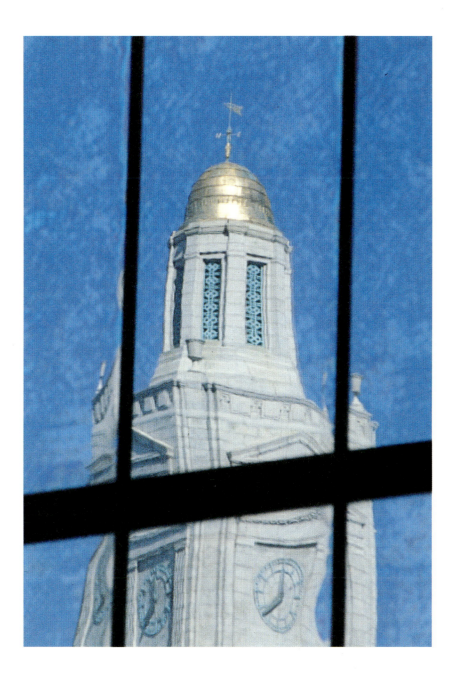

Stärker werden durch Ausprobieren

Erst nach
dem Ausprobieren
kannst du
angenommene
von tatsächlichen
Hilflosigkeiten
unterscheiden

und wirst erstaunt
festgestellt haben,
was du
alles kannst.

»Ich kann nicht!!«
»Ich weiß nicht.«
»Ob ich das schaffe?«
»Das gelingt mir nie.«

LAUFSTEG FREI
FÜR MEINEN MUT!

Depression
oder: Raus aus dem zähen Brei

Mein Leben
änderte sich
deutlich positiv,

seit ich
der Hoffnung
Treue schwor.

Trost

Sorgen,
Schmerzen,
Trauer,
Angst,
Niedergeschlagenheit

sind immer
nur auf
der Durchreise!

Ein trauriges Liebesgedicht

Abschließendes
kann sehr aufschlußreich sein,

wie auch
Aufschlußreiches
zum Abschluß führen kann.

Deshalb soviel Angst
vor Offenheit, Klarheit und Nähe?

Metamorphose

Alle machen es doch so!

Lieber labern, statt was sagen!

Lieber putzen, statt helfen!

Lieber Geldanhäufen statt...
Lieber den Kulissenschiebern und
Drahtziehern Glauben schenken,
als durch Widerspruch in Schwierigkeiten geraten.

Und schwupp
— schon wird Verleugnung zu
Disziplin!

Denkkreise durchbrechen.
Selbstverständlichkeiten in Frage stellen.
Strukturen aufbrechen –

sich selbst mal
– zögernd –
in der Ecke stehenlassen
und neu losgehen.

Die Mutanfälle häufen sich
und Hoffnung bricht auf.

Nach einer Trennung

Vertrauen
konnte nicht
entstehen,
da du
im wesentlichen
abwesend,
auch wenn du
anwesend
warst.

Hoffnungen in bezug auf dich

Ich halte meine Hoffnungen im Zaum,
sage ihnen oft,
sie sollen nicht so vorlaut sein.
Ich sehe meine Chancen lieber bescheiden,
dann ist die Enttäuschung nicht so groß.

Doch manchmal lehnt sich
die Hoffnung verdammt weit aus dem Fenster!

Die krebskranke Frau zwei Häuser weiter,
die hungernden Kinder und Flüchtlinge
in irgendeinem Land (es gibt ja genug),
die bedauernswerten Opfer eines Flugzeugunglückes,
das schwere Schicksal der von Arbeitslosigkeit
betroffenen Familie unten im Dorf,
der gerade verunglückte dreifache Familienvater,

das alles kommentierst
du mit solcher Anteilnahme
und großem Mitleid,
daß ich oft versucht war,
dich für den »Schwerstbetroffenen-Orden« am Band
vorzuschlagen,

wäre da nicht,
ja wäre da nicht,
dein schneller Übergang zur Tagesordnung.
Und deine ablehnende und subtile Hetzerei
gegen die im Nachbarhaus
neu eingezogene kinderreiche
Familie aus irgendeinem Ausland.

Der letzte Versuch,
mich zu wehren, ist gescheitert

In meinem Leben
ist eigentlich
weder Zeit
noch Platz
für eine neue Liebe.
So was war
nicht vorgesehen!

Doch du
hast
meine Gedanken und
meine Gefühle
besetzt
– und das
auch noch
ILLEGAL!

Schade drum!

Als du
das Ende unserer Liebe
verkündetest,
sprachst du von
Freundschaft,
die bleiben sollte.

Und obwohl das »Klischee«
heftig mit dem Zaunpfahl
winkte,
glaubte ich dir,

erlebe nun, wie
du diese »Freundschaft«
lebst.

Seitdem bist du
– um es sportlich fair
auszudrücken –
mindestens
eine Liga abgestiegen.

Programmiert
das Nebeneinander
oder Aneinandervorbei,
das so viele leben.

Schade um die vertane Chance
auf ein echtes, starkes »WIR«,
das nur erwachsen
und bestehen kann,
aus einem lebendigen »ICH«
und einem lebendigen »DU«.

Erkrankt

Ich arbeitete
oft bis
zum Anschlag –

irgendwann verlor
ich die Kontrolle über
den Abzug
und es knallte.

Untergang
– an einen Alkoholsüchtigen

Kaum vom Stapel
gelaufen,
ist für dich
alles
schiefgelaufen.

Heute läßt du
dich täglich
vollaufen.

Hoffnungsschimmer

Es kommt vor,
daß du wirklich von
dir erzählst,
nicht über
Autos, Beruf, Reisen,
Hobby, Fernsehen und Nachbarn sprichst...

Da habe ich schon
eine Perle schimmern sehen.

Doch schnell wieder
schließt sich die Auster.

Herzenswunsch

Einmal wieder
unbeschwert und leicht
spontan
das Leben berühren,

mitschweben,

ohne Verlustfolgeabschätzungen.

Du bist nicht ehrlich.

Versuchst zu beschönigen,
zu konstruieren,
vermeintlich schlechte Eigenschaften
zu vertuschen.
Du drehst dir alles so,
wie du es gebrauchen
oder ertragen kannst.

Seit ich das erkannte,
hat meine Liebe zu dir
bei mir Hausverbot erhalten.

Deutschland '97

Es hebt ein Klagen an
— seit langem schon —
wie schlecht es uns gehe,
wie eng wir den berühmten Gürtel
schnallen müssen,
welche Verzichte wir leisten
müssen,

etc.

Mal ganz offen gefragt:
Sind nicht die meisten
von uns immer
noch das
personifizierte Wirtschaftswunder?

Fehlentwicklung

Ich sammelte,
schuftete,
sparte,

häufte an
und schuf mir
materielle Güter.

Doch mein REICHTUM
ging mir verloren:

die stille Muße,
die Faszination der Natur,
die heilsame Ruhe,
die besinnliche Abgeschiedenheit,
meine Gelassenheit.

Falscher Therapie-Ansatz

Viele suchen
verzweifelt sich
selbst,
werden nicht fündig
und geben resigniert
die Suche auf.

Sie suchten etwas,
was nicht oder

nur ganz winzig
vorhanden war,

ihre Rettung liegt
weniger im Sichselbstfinden,
sondern im WERDEN.

Vorübergehende Blindheit

Meine Ängste
lassen
zuweilen
meine Vernunft beschlagen.

Was keine Diät vermochte

Seit ich von
dir
mein Fett wegbekommen habe,

habe ich auch
mein Fett wegbekommen.

Variationen über das Schweigen

1)
Den ganzen Abend
geredet.
Leer.
Schweigen hätte mehr
gesagt.

2)
Schweigen kannst du
wie ein Grab,
brüstest du dich.
Stimmt.
Hattest du doch genug Übung
zu Hause, wo du eh nichts
zu sagen hast.

3)
Ist es nicht
verbittertes,
zurückweisendes,
gleichgültiges
Schweigen,
ist Schweigen
eine hohe Kunst?

4)
Die Vieldeutigkeit
des Schweigens
können die Menschen
in einer lärmenden Welt,
die alles benennen muß,
oft nicht
aushalten.

5)
Schweigen
in der Stille,
sich selbst wieder spüren.
Stille,
die nicht ängstigt
sondern Kraft gibt.

Im allgemeinen
redest du brillant,
pausenlos,
und verbreitest Kompetenz,
du konzipierst Losungen,
Denkmodelle
und hast stets deine
umfangreiche Thesen-Kollektion
parat.
Du trittst so sicher auf
und verschüchterst viele Gesprächspartner.

Kommt das Thema jedoch
auf dich,
will man wissen,
wie du bist, fühlst und lebst,
fällt dich die Sprachlosigkeit an,
oder du druckst wie
ein Schuljunge
(Deutsch Ausdruck: Note 5–).

Angst?

Angst vorm Sterben

Seit Jahren
bin ich wie ein
zappelnder Fisch,
der nicht wahrhaben will,
daß er an der Leine hängt,
oder wie ein widerborstiges Kind,
das eine Wahrheit, eine Tatsache
nicht sehen will
und sich die Augen zuhält.

...Energieverschwendung
und das ob einer Sache,
die nun mal todsicher ist.

Du bist so unnahbar
und meine
Liebe zu dir
hat
zunehmend
abgenommen.

An einen Meister
im schnellen Wegsehen

»Qualm in den Augen!«
war mein Argument
auf deine Frage,
ob ich weine –

damit warst du
zufrieden,
genau wissend,
daß ich seit
Jahren nicht mehr rauche.

Das Leben
ist
– genau betrachtet –
eine Traumreise.

Allein durch ihr Denken
machen zu viele
es zur Alptraum-Tour.

In den
schweren Seilen
der (scheinbaren)
Sicherheiten verstrickt,
dem Ende unserer Tage
entgegenstolpern –

das kann nicht
der krönende Abschluß
eines Lebens sein.

Frei werden für das,
was ist und kommt

Wie ein schwarzer,
giftiger Pfeil
steckt zuweilen
die Vergangenheit
in uns,
vergiftet die Seele
und schwächt den ganzen Menschen.

Zieh ihn raus!

Stärker geworden

Ich vertraue mir,
auch wenn es eng wird.

Seither befällt mich
nicht mehr diese Lähmung
wie früher,
wenn ich mal wieder
in den Unsicherheitsseilen hing.

Vereinsamung der Menschen

Für viele
enthält Gemeinsamkeit
weitere Bedeutungen

GEMEINsam
gemEINSAM.

Wie aus
der Pistole geschossen
kommen die Antworten
von dir
auf gewisse Fragen.

Das sind
nur Platzpatronen.
Sie verursachen nichts
als Lärm.

Düsteres Zukunfts-Szenario (?)

Gestern noch Sommer,
heute allein mit
fallenden Blättern im Herbst.

Winde, die mir die Blätter
entgegentreiben.
Wirr fliegen sie
durch die Lüfte,
wirr wie meine Gedanken.

Regen, aufgepeitscht
wie mein Lachen,
vereint sich mit meinen Tränen.

Tränen, die trocknen werden,
wenn ich meinen Weg
mutig weitergehe!

Es wird
in so vielen Sprachen
gesagt,
geflüstert,
versprochen,
geschworen:

Ich liebe dich!
Je t'aime!
Jag älskar dig!
Seni çok seviyorum!
¡Te quiero!
Szeretlek!
I love you!
обичам те!
Volim te!
Ja t'a ľúbim!
Mi amas via!
Ti amo!
Ik hou van jij!
пюбпю тебя!

und häufig dann
doch nicht GELEBT!

Kristiane Allert-Wybranietz wurde 1955 in Obernkirchen (Niedersachsen) geboren und lebt heute in Auetal-Rolfshagen.
Mit ihren Verschenk-Texten wurde sie die erfolgreichste Poetin der achtziger Jahre.

Im Wilhelm Heyne Verlag erschienen von ihr bisher vierzehn Bücher, zuletzt
REGENBOGEN DER GEFÜHLE.

Poetische Texte und Geschichten
von unbekannten Autoren,
gesammelt und ausgewählt von
Kristiane Allert-Wybranietz.

Schweigen brennt unter der Haut
Poetische Texte
ISBN 3-453-04772-9

Abseits der Eitelkeiten
Poetische Texte
ISBN 3-453-00020-X

Wir selbst sind der Preis
Poetische Texte
ISBN 3-453-03219-5

Stark genug, um schwach zu sein
Poetische Texte
ISBN 3-453-06316-3

Träume nicht nur für den Tag
Poetische Texte
ISBN 3-453-08023-8

Zwei Koffer voller Sehnsucht
Geschichten und Märchen
zum Nachdenken
ISBN 3-453-06926-9

Regenbogen der Gefühle
Geschichten und Märchen
ISBN 3-453-11519-8

HEYNE

Ich. Du. Wir.
Menschen im Geflecht ihrer Beziehungen.
Gedichte und Gedanken von
Kristiane Allert-Wybranietz.

Du sprichst von Nähe
Verschenk-Texte
ISBN 3-453-02295-5

Dem Leben auf der Spur
Verschenk-Texte
ISBN 3-453-00549-X

Der ganze Himmel steht uns zur Verfügung
Verschenk-Texte
ISBN 3-453-03986-6

Farbe will ich, nicht schwarzweiß
Verschenk-Texte
ISBN 3-453-05564-0

Willkommen im Leben!
Wo warst du so lange?
Verschenk-Texte
ISBN 3-453-07408-4

Heute traf ich die Sehnsucht
Verschenk-Texte
ISBN 3-453-09745-9

Angst ist nicht Schwäche
Erfahrungen und Ratschläge einer Betroffenen
ISBN 3-453-13141-X

HEYNE